MARCEL IMSAND
LUIGI LE BERGER

Fondation Pierre Gianadda
Martigny Suisse

MARCEL IMSAND
LUIGI LE BERGER

Texte de Jean-Henry Papilloud
Notices de Bertil Galland

Léonard Gianadda et Marcel Imsand, automne 1989

Lausanne le 19 NOV 2003.

Chers Léonard et Ounette

C'est avec beaucoup d'émotion, que je vous offre, les photos originales du livre "Luigi le Berger".
Tirages uniques, en noir et blanc sur papier barité, introuvable, à ce jour.
Je vous fais ce don pour le 25ème anniversaire de la Fondation, au nom de notre amitié.

Je vous embrasse avec toute mon affection.
Votre Marcel Imsand

Une longue amitié

par Annette et Léonard Gianadda

*Olivier, Annette, Léonard et François Gianadda.
Photo prise par Marcel Imsand,
le 23 août 1985, jour des 50 ans de Léonard.*

Cher Marcel,

Avec la générosité qui te caractérise, tu as tenu à marquer le vingt-cinquième anniversaire de la Fondation Pierre Gianadda en nous offrant, à Annette et à moi, la magnifique série de tes photos originales de *Luigi le Berger*.

Quel cadeau!

Nous nous souvenons de ce moment privilégié, quand tu as ouvert la vieille boîte qui contenait ce trésor, ces merveilleuses photos que tu sortais une à une, avec du bonheur plein les yeux, chacune d'elles portant ton empreinte, des annotations de ta main, ces mains qui avaient caressé le papier lors du tirage dans ton laboratoire. Et puis, très vite, ce cadeau n'a pas tardé à nous être non seulement précieux mais utile, indispensable, puisque quelque temps plus tard on le présentait déjà au public, pendant l'exposition des *Chefs-d'œuvre de la Phillips Collection* de Washington: trois cent mille visiteurs ont pu admirer *Le déjeuner des canotiers* d'Auguste Renoir et *Luigi le Berger* de Marcel Imsand.

Nous avions cependant un regret, celui de n'avoir pas immédiatement édité un ouvrage retraçant cette épopée, le parcours de Luigi, ton parcours. Aujourd'hui, cette erreur est corrigée pour le plus grand bonheur de nos visiteurs, nous en sommes certains.

Aussi, c'est du fond du cœur que nous te remercions, cher Marcel, d'être à nouveau si présent à la Fondation.

Nous t'embrassons

Léonard

Annette

Avant-propos

Qui sont les moutonniers de la transhumance? Marcel Imsand s'est lié d'amitié avec l'un d'eux. Sept hivers, Luigi a conduit son troupeau à travers le Pays de Vaud, aidé de ses chiens et d'un âne, bravant le brouillard et la neige à la recherche de pâtures, passant chaque nuit dans la forêt avec ses bêtes.

Derrière la beauté des images, on perçoit ici la forte personnalité d'un berger. Originaire de Parre, près de Bergame, il poursuit une longue tradition. Ses ancêtres étaient bergers. Ses frères sont bergers. Les relations pastorales entre sa région natale et la Suisse durent, selon les documents, depuis plus de 800 ans. On devine en vérité un lignage encore bien plus ancien dans la noblesse de ce nomade, dans ses attitudes de chef, dans sa dévotion à la brebis, dans sa perception du sol. Il fallait un grand photographe pour dépasser le pittoresque. Marcel Imsand révèle par l'image et par l'amitié les dimensions de l'homme, l'envoûtement des saisons qu'il affronte, les gestes de la tradition, le comportement des bêtes qu'il aime.

Dans les pas du moutonnier, ce livre nous fait découvrir les campagnes dans les mois où nous ne savions plus les regarder. Mieux encore, il nous transmet, dans une dimension métaphysique et planétaire, la leçon du nomade. Quand Luigi allume son feu dans une clairière en plein décembre, entre son troupeau endormi et son campement, il défend ce qui compte davantage pour lui que le froid ou la solitude: sa liberté.

Marcel Imsand, le photographe, et Luigi Cominelli, le berger

Le photographe et le berger

par Jean-Henry Papilloud

Quinze ans après, ils se voient encore. Régulièrement. Ils exercent toujours les mêmes métiers; ils sont toujours habités des mêmes passions; ils ont toujours des choses à partager.

Quand le temps est venu de reprendre le long parcours hivernal à la tête de son troupeau de moutons, Luigi, le berger, appelle Marcel, le photographe. Ils se retrouvent dans un café, à l'orée d'une forêt ou à la croisée de chemins qui se perdent déjà dans le brouillard. Comme autrefois.

Leur première rencontre, comme toutes les belles rencontres, tient beaucoup du hasard. En 1988, à la demande d'une auditrice, Frank Musy, grand reporter à la Radio Suisse Romande, doit effectuer un reportage sur une journée de travail d'un métier en voie de disparition: berger de moutons. Il rencontre Luigi Cominelli qui conduit, pendant l'hiver, un troupeau dans le Nord vaudois.

Frappé par la personnalité du berger, Frank Musy appelle son vieil ami Marcel Imsand. Le message est bref: «J'ai rencontré un homme extraordinaire… écoute mon émission!» Marcel Imsand est subjugué. Il réussit, non sans peine, à retrouver la piste du berger au fond d'un vallon. Le premier contact n'est pas facile. Intimidé par sa soudaine popularité radiophonique, Luigi ne se découvre pas. Il laisse néanmoins Imsand réaliser son portrait pour *Le Sillon romand*, puis un reportage plus important, qui paraîtra dans *Femina*.

Ce qui ne devait pas dépasser une simple rencontre entre un photographe et son sujet se poursuit au fil des mois et se transforme en une profonde amitié entre deux hommes.

Marcel Imsand est alors au sommet de son art.

Né le 15 septembre 1929 à Pringy, dans la Gruyère, il est le fils unique d'un ouvrier socialiste originaire du Haut-Valais et d'une couturière de Broc. Comme sa mère doit aussi travailler, le petit Marcel est confié à ses grands-parents maternels qui le gardent à Pringy. Ses parents viennent le voir le dimanche. Ils le reprennent à l'âge de 7 ans, quand vient le temps de fréquenter l'école.

Marcel ne passe pas les plus belles années de sa vie sur les bancs de l'école de Broc. A 15 ans, il part à Lausanne et devient porteur de pain. Dans la foulée, il effectue, pendant deux ans, un apprentissage de pâtissier. Puis, avec l'aide d'un cousin ingénieur, il apprend le métier de mécanicien de précision à Saint-Aubin, dans le canton de Neuchâtel. En même temps, il se découvre une passion pour la photographie, participe aux activités du photo-club de Neuchâtel et se monte un laboratoire de développement et de tirage dans sa chambre.

Dès lors, il mène de front deux activités. Le jour, il est chef d'atelier à l'usine; le soir et les jours de congé, il est photographe.

Il prend aussi le temps de rencontrer l'amour de sa vie, Mylène, avec qui il fonde une famille qu'il installe à Lausanne. Trois enfants naissent.

De plus en plus sollicité, il éprouve des difficultés à concilier ses deux métiers. Et lorsque son entreprise déménage à Saint-Sulpice, il doit se décider. A 35 ans, Imsand choisit la photographie.

La qualité de ses travaux et celle de son approche lui ouvrent des chantiers importants. Il est le photographe officiel du Comptoir suisse de Lausanne pendant trente ans et suit les spectacles du Grand Théâtre de Genève. Ces mandats, qui nécessitent des livraisons rapides, mobilisent toute la famille dans un atelier aménagé au centre de Lausanne.

Cependant, Imsand n'est qu'à demi satisfait des travaux de commande et des thèmes imposés. Il a besoin d'aller davantage vers les autres, de traduire, par la photographie, les émotions intenses d'une rencontre. Il découvre et affirme sa grande passion: le portrait. De semaine en semaine, il livre des instantanés à *24 heures*, puis, pendant vingt-sept ans, au *Sillon romand*. Dans les campagnes, sa renommée est bien assise; sa gloire, assurée. Elle lui ouvre de belles portes.

Ce qui lui manque encore dans ces contacts passagers, il le cherche dans des relations qu'il installe dans la durée et qui le marquent profondément. Il réussit à les traduire dans des aventures photographiques qui suscitent l'étonnement et induisent un bonheur souvent nimbé de tristesse. On pense à la longue amitié qui le lie à Barbara, mais aussi à ces histoires singulières – *Paul et Clémence* ou *Les frères* – qui nous parlent de la vie, de la mort et de comment celle-ci accompagne celle-là.

La découverte de Luigi est, par contraste, une rencontre avec la vie qui scintille dans les froides terres du Nord vaudois.

Luigi Cominelli est un berger comme on en rêve. Il a 30 ans, il est beau, il parle plusieurs langues. Sa silhouette est droite et fière; sa voix, grave. Né à Parre, près de Bergame, il a choisi sa destinée à la sortie de l'adolescence. Bouleversé par l'idée de la liberté, il se place dans la longue lignée des bergers bergamasques qui, depuis des siècles, organisent leur vie devant le troupeau de moutons. A 16 ans, il apprend le métier avec son frère, moutonnier dans le Seeland. Puis il deviendra à son tour berger au service d'un propriétaire d'Orny.

La tâche de Luigi est simple en apparence. Il doit faire paître des centaines de moutons à travers les prairies enserrées dans le damier des terres ouvertes. Au plus froid de l'hiver, il parcourt une bande de septante kilomètres de large définie par le vétérinaire cantonal. Un pays à traverser entre la mi-novembre et la mi-mars. Un aller et un retour dans les paysages gelés de la Broye.

Compagnons du berger, des chiens rassemblent les bêtes et les contiennent le long des axes imposés. Devant ou derrière, un âne transporte tout à la fois la couche, les affaires et les provisions. Dans le brouillard, sous la pluie, sous la neige, le troupeau s'allonge ou se resserre au gré de la pâture et du travail des chiens. Toutes les pensées et les forces du berger sont tendues pour assurer la nourriture et la sécurité des animaux confiés à sa garde. Aux heures creuses, la nuit, il a le temps de réfléchir, de se forger une vision du monde.

L'hiver n'est pas encore fini quand Luigi parvient avec tous les béliers, les brebis et les premiers agneaux au terme de son périple. Le berger prend ses vacances pendant que les brebis mettent bas. Un répit de courte durée. Il revient, à la tête de son armée bêlante, pour disputer aux chars d'assaut l'herbe du printemps qui verdit la place d'armes de Bière.

Enfin, en juin, c'est le départ pour la montagne. Les moutons sont acheminés par camions jusqu'à l'entrée d'une vallée perdue des Alpes uranaises. Luigi suit en caravane. Sa femme lui rend visite; son fils est à ses côtés durant quelques semaines. Les plus beaux jours de l'année passent bien vite.

Ainsi, pendant trois ans, Marcel et Luigi partagent des moments que tous deux estiment importants, irremplaçables. Le berger ouvre son univers au photographe et celui-ci s'investit totalement dans l'errance contrôlée. Afin d'éprouver la vraie vie de Luigi et de l'appréhender de l'intérieur, Imsand s'achète de bons souliers, s'équipe pour lutter contre le froid. Il apprend à dormir dans la forêt de manière à ne pas subir la morsure insidieuse du gel qui monte de la terre. C'est une des plus belles aventures de sa carrière. Tout prend une saveur nouvelle: la nature, la nourriture, les chiens, les couchers et les levers de soleil… Le citadin aux racines paysannes redécouvre les gestes simples du berger. Il admire sa capacité à conduire le troupeau, sa manière de le protéger, sa force pour le rassurer.

Au fil des semaines, la photographie passe au second plan. En effet, pendant la journée, il n'est pas question de s'arrêter. Marcel travaille avec Luigi. Finalement, c'est de bonne heure le matin ou le soir, quand le troupeau se déplace, qu'Imsand peut respirer un peu, observer le paysage, se créer des occasions d'images. Il ne multiplie pas les prises de vues. Il attend le bon moment, choisit la lumière, l'ambiance. Avant d'appuyer sur le déclencheur, il a une parfaite idée de la photographie qu'il va réaliser. De ce fait, une ou deux prises de vues lui suffisent pour capter ce qui l'intéresse vraiment: une atmosphère.

Tout n'est pourtant pas dit alors. Tant s'en faut. L'œuvre n'est aboutie, présente, qu'après l'épreuve du laboratoire. Les opérations de tirage permettent au photographe de retrouver, recréer l'ambiance qu'il a vécue. Sur la feuille de papier sensible, il promène ses mains, retient un ciel, éclaircit une zone. Ses souvenirs sont suffisamment vifs pour qu'il essaie de les retrouver dans la première diffusion de l'œuvre, la première étape du partage. La deuxième sera, en 1990, la publication d'un livre en collaboration avec Bertil Galland.

Entre-temps, Luigi a momentanément changé de métier. Il a rejoint sa femme et son fils, chez lui, dans la région de Bergame où ils tiennent un commerce de fruits et légumes en gros. Marcel et Luigi n'ont plus l'occasion de se rencontrer. Heureusement, les échanges de correspondance et les brèves conversations téléphoniques sont toujours aussi chaleureux et tissent ces petits fils de soie qui les relient à travers les Alpes.

Luigi reçoit le livre qui lui est consacré comme un choc. Il lui faut plusieurs jours pour surmonter l'émotion qui le prend quand il l'ouvre. Un vertige le saisit: son image, telle qu'elle est dévoilée par Imsand, ne lui appartient plus. Elle est désormais publique et essaime avec un même succès dans tous les milieux. L'édition originale est vite épuisée.

Conscient de la valeur et de l'intérêt de son travail sur Luigi, Marcel Imsand se préoccupe de la pérennité de ses photographies. Les 25 ans de la Fondation Pierre Gianadda lui en fournissent l'occasion. Il décide de confier tous les tirages à son ami Léonard Gianadda. Une manière de donner une troisième vie à son travail et de le partager avec un large public.

Accrochées aux cimaises de la Fondation, les photographies interpellent les nombreux visiteurs. Ceux-ci, fascinés par l'histoire du berger, s'interrogent: «Comment peut-on vivre ainsi à notre époque?» Les magnifiques tirages d'Imsand répondent et témoignent. Ils leur parlent autant d'un voyage dans la nature que d'un parcours intérieur.

Luigi est de retour dans les plaines de la Broye. Sous le regard tendre et discret de Marcel, il prend son bâton, se porte en avant, entraîne le troupeau. Les chiens entament leur longue sarabande autour des flots de laine en mouvement. Au milieu des béliers, des brebis et des agneaux, l'âne suit, chargé de bagages et, aussi, de quelques-uns de nos rêves.

Jean-Henry Papilloud
Directeur de la Médiathèque Valais – Martigny

LUIGI LE BERGER
PHOTOGRAPHIES DE MARCEL IMSAND

Le troupeau va, ne cesse d'aller, réduit à l'élémentaire. Une ligne.

Ce qui frappe le plus, dans la transhumance, c'est le ciel. Entre le ciel et le troupeau, on perçoit une relation permanente, comme si le mouvement lent des nuages répondait à l'avance incessante des bêtes.

La vie nomade, tout un hiver. Le berger en tête, l'âne qui suit parmi les moutons, chargé de la tente.

«J'ai été à l'école jusqu'à 12 ans, dit Luigi. En Italie, j'aurais dû faire le paysan avec mon père. Mais je n'aimais pas les vaches. Je voyais passer les troupeaux de brebis. Je savais que les bergers dormaient dehors. Voilà ce qui m'a bouleversé: l'idée de la liberté.

»A 16 ans, j'ai quitté Parre et Bergame. J'ai rejoint mon frère Giacomo qui a neuf ans de plus que moi, moutonnier dans le canton de Berne. J'ai appris le métier en le suivant dans la transhumance, l'hiver, entre le lac de Thoune et le Seeland.»

Le travail des chiens, c'est ici de ralentir le front compact des brebis qui pâturent. Il faut éviter que le troupeau, en progressant trop vite et en se dispersant, ne piétine l'herbe et ne l'ensevelisse sous la boue, l'imprégnant de l'odeur des sabots. Les bêtes cessent alors de brouter.

«Ce portrait, dit Marcel Imsand, fut pris à ma première rencontre avec Luigi Cominelli, après quelques minutes. La beauté de ce visage me frappa. Un monde intérieur se cachait dans ces yeux.»

Le Bergamasque apprécia peu le photographe. L'amitié fut précédée d'un premier mouvement de méfiance.

«Depuis longtemps, poursuit Marcel Imsand, je savais que des bergers traversaient le pays en hiver. J'en avais photographié quelques-uns, mais j'ignorais tout de leur vie. Je demandais à mes amis de me signaler le passage d'un troupeau. C'est par Frank Musy, de la Radio romande, que je fis la connaissance de Luigi. Dans une émission matinale, une auditrice avait demandé un reportage sur la journée d'un moutonnier. Musy se renseigna auprès d'un propriétaire d'Orny, qui le dirigea vers l'enclave fribourgeoise de Cheiry. C'était au mois de janvier. Parti de Bière, l'itinéraire de la transhumance avait atteint la Basse-Broye, où le troupeau avait commencé à rebrousser chemin.

»Frank Musy dut chercher plusieurs heures, se renseignant dans les cafés et les fermes, pour distinguer enfin du côté des Combremonts un mouvement presque imperceptible de brebis dans les collines grises.»

Frank passa la nuit sous la tente de Luigi. Le lendemain, il téléphonait à Marcel Imsand qui accourut. A son tour, il chercha longtemps le troupeau. Les visiteurs, après l'émission matinale de la radio, incommodaient le berger et il s'était caché au fond des champs.

Si solitaire que soit sa vie, Luigi sait tout. Un soleil pâle a fini par dissiper le brouillard, un ami l'a repéré, lui a apporté un journal, qu'il se hâte de lire, debout, pendant que les moutons broutent.

Mais dans quelques minutes, le travail va reprendre. Il lui faudra trouver pour le troupeau une nouvelle pâture.

La loi autorise la transhumance du 15 novembre au 15 mars. Officiellement, elle n'est ouverte qu'aux agneaux des régions de montagne, pour achever leur engraissage. A chaque moutonnier est impartie une zone de parcours que le vétérinaire cantonal trace sur la carte. Dans cet espace, Luigi se déplace sans cesse. Il ne sait jamais avec plus d'un demi-jour d'avance où il conduira ses bêtes. Il ignore dans quel bois il passera la nuit.

Aidé de ses chiens, Rapi, le noir, qui est autrichien, et Brutto, le «vilain» blanc (il y a encore Mirca, l'anglais), le moutonnier contrôle le pacage. «C'est un travail précis, dit Marcel Imsand. Durant la journée, Luigi n'aime pas qu'on lui parle. Ni lui ni les moutons ne doivent être dérangés. Moi, je m'étonnais de voir trois troupeaux superposés: les bêtes, les maisons du village, les croupes du Jura. Je pensais à la figure verticale du berger. Il ne se voit pas lui-même. Pour nous, cet homme debout est une image essentielle. Même réduit à un signe minime dans le paysage, il incarne le regard, la solitude, la dignité.»

Il est cinq heures du soir, exactement. L'angélus? Non, Luigi, à côté de son âne, écoute les nouvelles à la radio.

Dialogue de bêtes. L'âne, l'ânesse plutôt, qui marche avec le troupeau et patiente sous son barda pendant qu'il broute, c'est Turca. Voyez son haleine: il fait très froid.

La journée de Luigi est dominée par une préoccupation: engraisser les brebis. Son métier n'a pas d'autre but. Faire manger le plus possible. Trouver de l'herbe, celle qui reste de l'automne car elle ne croît plus en hiver. «Cette herbe, demande un visiteur naïf, ne pousse-t-elle pas dans les hivers sans neige, quand il y a un peu de soleil?» Luigi sourit: «L'herbe pousse la nuit et les nuits sont glacées.» Mais les prairies naturelles se raréfient. C'est l'angoisse du moutonnier. Bientôt, la transhumance sera impossible.

Les brebis qui se sentent les plus belles vont devant. Dans un troupeau qui compte près de 500 bêtes, Luigi en reconnaît près de 200 et il a ses favorites.

«Partageant en plein hiver la journée de Luigi, raconte Marcel Imsand, j'étais surpris de voir tomber la nuit sans qu'il se préoccupe encore de chercher une clairière pour son campement.»

Jusqu'aux dernières lueurs, il tient à faire paître le troupeau, qui passe ici, fantomatique, derrière Chapelle-sur-Moudon, village déjà refermé sur ses lampes.

Soudain, dans la pénombre glaciale, la marche du troupeau est coupée par des cultures qu'il ne peut traverser. C'est la hantise de Luigi: contrainte de suivre un chemin vicinal, toute son armée finit par déboucher sur la grand-route. A tout moment, un véhicule peut survenir en trombe. Impossible de se tenir devant et derrière le long défilé de ses brebis.

«Il domine complètement son inquiétude, que les bêtes percevraient, raconte Marcel Imsand. On dirait qu'il émane de lui une onde qui va calmer à distance l'automobiliste pressé.» Mais le moutonnier court de grands risques quand des phares s'approchent – comme ici – et il redoute l'accident.

Dans les situations les plus délicates, il attend que survienne un conducteur, l'arrête, obtient son aide pour contrôler le trafic à l'arrière et prend lui-même la tête de la troupe, jusqu'aux prairies où il retrouvera la sécurité.

C'est l'heure enfin du bivouac. Assez brouté pour aujourd'hui. Dans les ténèbres, le troupeau toujours plus spectral pénètre dans un bois à l'instant où la lune s'en dégage.

Plus forte est la bise et plus Luigi cherche à se protéger, s'enfonçant dans les arbres jusqu'à 500 mètres de la lisière.

Luigi a laissé le troupeau dans la clairière, à la garde des chiens. Il marche dans la nuit hivernale jusqu'à la ferme la plus proche et, s'il est bien reçu, achète ou reçoit une botte de paille, s'approvisionne en eau. L'épaule écrasée par une grosse botte que serre un fil de fer, il chemine parfois plusieurs kilomètres dans le noir.

Il regagne le camp.

De ses yeux de chat, il a trouvé des branches et quelques troncs à peu près secs dans les sous-bois. Le feu prend. Turca est déchargée. Sous la pluie ou les flocons ou par les plus grands gels, le berger fait son lit dans la nature. D'abord, sur l'humus, les feuilles mortes ou la neige, un premier isolant de plastique. Puis une profonde couche de paille. Par-dessus, des peaux de mouton prises dans le chargement de l'âne. Enfin le sac de couchage. Une corde est tendue entre deux arbres pour y suspendre une bâche. La tente est prête. La grande cape de Luigi – l'épais et long *gabà* des moutonniers bergamasques – sera sa couverture. Grand confort en plein décembre, avec appels de rapaces nocturnes et berceuse de bise dans les frondaisons.

Le feu crépite. Les flammes hautes illuminent la clairière comme un défi au froid et à la solitude.

Luigi se réchauffe. Il se détend. La marmite noire qui était posée, renversée, sur le chargement de Turca, comme la bosse de l'âne, il va la poser sur un trépied improvisé ou la suspendre à une longue branche.

Les brebis ont été rassemblées en cercle, sous les arbres. Il faut parfois les tenir à distance par un tronc couché, car elles s'approchent, curieuses, pour observer le feu, tandis que les autres ruminent et somnolent. On entend quelques bêtes qui toussent dans la nuit. On dirait des gens. Il n'y a personne. Un glapissement de renard. Il n'attaque pas. On peut voir seulement son regard briller, certaines nuits, quand le berger braque sa torche sur la forêt. Les chiens errants sont plus redoutables.

Mais c'est l'heure de boire du chaud et de griller une viande. Les soirs d'invitation, Luigi prépare lui-même sous les arbres, à la bergamasque, d'incomparables côtelettes de mouton qu'il assaisonne, accroupi dans la neige, et qu'il embroche sur des baguettes de bois vert. Avec le vin de qualité apporté par un ami sûr, le bivouac de janvier peut devenir une fête. Ce n'est pas tous les jours.

Le meilleur moment. Seul le moutonnier de transhumance peut connaître en plein hiver un pareil sentiment de liberté, une communion si forte avec le ciel, la nuit, les bêtes et les bois.

A Marcel, qui est venu un soir le rejoindre, Luigi dit simplement: «Le feu, c'est mon ami.»

Il médite, il raconte, il rit: «Un soir, il faisait un temps épouvantable, je vais chercher de la paille dans une ferme, je frappe à la fenêtre allumée. *Qui c'est ?* demande la paysanne. Je dis: *Le berger!* Elle réplique: *Mais il n'y a pas de berger! Il fait beaucoup trop froid!*»

Luigi s'est levé, il reste debout. Il donne des coups de pied aux tisons pour faire monter les étincelles.

On demande devant le feu: «A quoi penses-tu, Luigi?» Il répond: «J'espère que demain je trouverai de l'herbe.»

C'est l'aube. La forêt est transie. Luigi sort de sa tente et scrute le ciel entre les arbres. C'est le premier geste. Avant de s'endormir, il a préparé du café au lait dans un thermos. Sitôt qu'il a mis ses chaussures, il s'accroupit et boit du chaud. Puis il démonte le campement. Il ne mangera pas avant midi. Les chiens somnolent encore sur leur couche de paille. Le noir et blanc, c'est le border-collie anglais, Mirca.

Cette nuit-là, il avait neigé.

Bonjour, les brebis! Conversation muette du petit jour avec les favorites.

L'ânesse a été rechargée. Pas de bât mais une couverture, des peaux de mouton et un grand sac d'épaisse toile verte à deux flancs avec six poches où les bergers bergamasques enfilent les agneaux. Par-dessus, d'autres sacs, la marmite et un plastique épais.

Avant d'éteindre le feu, un geste rituel: la paille est jetée sur les braises, des flammes violentes s'élèvent. A cette chaleur Luigi déploie sa grande cape, couverture chargée de l'humidité de la nuit. Il la revêt dès qu'elle est sèche et chaude, lève le camp, appelle le troupeau.

Dans la pénombre d'un matin d'hiver, le moutonnier quitte la forêt à la tête de ses bêtes. La solitude lui pèse-t-elle ? Pas du tout, répond-il. C'est pour elle qu'il a choisi son métier.

Le troupeau sort du bois. Il s'agit maintenant de lui trouver à manger.

Rien, dans l'équipement du berger, n'est plus important que ses chaussures. Le froid monte du sol plus insidieusement qu'il n'est infligé par la bise. Chaque matin, Luigi bourre de paille ses souliers bergamasques de gros cuir, montants et sans fourrure. Marchant de l'aube à la nuit, dans sa recherche incessante des prairies, il parcourt des milliers de kilomètres chaque hiver.

Ce matin-là, après une nuit très froide, on vit en sortant de la forêt un soleil rouge se dégager du brouillard. En file, les dernières brebis sortaient encore des arbres, poussées par les chiens, tandis qu'au loin déjà, dans la campagne pétrifiée, Luigi marchait à la tête du troupeau.

Un autre matin, le gel était moins vif. Les bêtes trouvèrent de l'herbe à la lisière. On entendait leurs sabots frapper les mottes. Il y avait peu de neige. Luigi n'avait revêtu que sa petite cape. Réchauffé!

Un soir, Luigi ne parvint pas à trouver une clairière pour son bivouac. Il décida de passer la nuit en lisière, à la belle étoile. Il se réveille, ici, comme si c'était le matin du monde.

Près de Sassel. Les moutons du ciel. Et remarquez, comme des hiéroglyphes, le chien, le berger et le V des oreilles de Turca.

Le troupeau n'avance jamais au hasard. Luigi, laissant sa garde aux chiens, a précédé sa marche. Entre les terres ouvertes, les sols pilonnés par les engins lourds, les espaces pollués par la chimie et les prairies artificielles, il a cherché l'herbe, la bonne. Non sans peine ni préoccupation pour l'avenir de la transhumance. Observez sur la photo la petite dimension et la dispersion des pâtures, ces carrés sombres que les sabots des moutons ont laissés dans le damier du paysage.

Comme un capitaine à la tête de son unité, le berger repère sur la carte les tours et détours de sa progression.

Au milieu de la journée, Luigi laisse aux chiens les brebis qui ont bien mangé déjà et ruminent. Il se rend au village le plus proche pour téléphoner au propriétaire et l'informer de l'état du troupeau. Il achète des provisions. Jamais il ne s'attarde pour manger à l'auberge, mais il lui arrive d'accepter l'invitation à utiliser la salle de bains d'une ferme hospitalière.

Près de Villars-le-Comte, le troupeau est rassemblé pour les soins. Les chiens maintiennent le cercle. Luigi se place parmi les brebis et repère celles qui boitent. Il nettoie leurs sabots. Si les pattes sont infectées, il les guérit avec des piqûres et une pommade. Régulièrement, il leur donne du sel en le répandant le long d'un chemin de béton.

Piqûre pour une bête malade. Luigi n'a pas suivi de cours professionnels. Il appartient au bourg de Parre, capitale de l'élevage ovin. Dans sa famille, le métier de berger se transmet de père en fils et d'un frère à l'autre depuis des générations.

Suite des soins. De la pommade sur l'œil.

Luigi Cominelli, dont le cœur est à gauche et qui a rêvé à Che Guevara, suit les nouvelles du monde par le transistor. Il connaît le nom et les ambitions de tous les acteurs sur le grand théâtre de la politique internationale. Non seulement il peut exprimer sur eux une opinion très informée, mais il a son idée sur la qualité des journalistes qu'il écoute en italien, en français et même en allemand, à Uri, durant les mois d'été.

Parfois un journal, très apprécié, s'ajoute aux nouvelles de la radio.

Les moutonniers bergamasques sont connus pour leur intelligence vive, leur jugement fin et leurs vues que l'existence nomade élargit. «Le berger, écrit Anna Carissoni dans une monographie sur la tradition pastorale de Parre, bourg natal de Luigi, ne tient pas sa science des livres, mais de sa relation avec la nature et ses lois. Il enrichit son patrimoine par l'attention et l'expérience quotidiennes. Il doit posséder des notions pratiques de l'art vétérinaire, de la botanique, de l'hydraulique, de l'astronomie, de la météorologie.» Ajoutons la pédologie, la connaissance intime du sol.

Le savoir du berger diffère de celui du paysan parce qu'il ne se limite pas à un domaine. Sa connaissance est celle d'une terre perçue dans un mouvement, observée dans un déplacement continu. Chaque jour, il affronte le nouveau et perçoit le risque en homme seul, responsable de plusieurs centaines de vies. Il en naît un sens de l'aguet, une rapidité de décision, une autorité naturelle visible dans son attitude de capitaine. Luigi éprouve de la fierté à marcher à la tête de sa troupe, à suivre une tradition millénaire, à décider de son chemin comme un vagabond et comme un maître. Le *pastûr* est un archétype vivant. Nomade et mal connu, il est regardé de haut par les uns. Figure biblique, il est idéalisé par les autres. Une chanson bergamasque dit qu'il a les oiseaux pour violons et les étoiles pour luminaires.

Les brebis du troupeau ne suffisent pas à apaiser la passion d'un berger bergamasque. Luigi les porte à l'oreille.

A Bottens, il fit très froid...

…Si froid que pour une fois Luigi, sous son grand chapeau noir, a dû se couvrir les oreilles.

D'autres fois, une pluie glacée finit par pénétrer jusque dans la toison des brebis.

Soudain, dans l'air qui a semblé se radoucir, c'est la neige.

Les flocons tirent un voile sur le paysage noirâtre.

Qu'il vente ou qu'il neige, brouter.

Temps de chien.

Changement de saison, nouveau décor, interruption de la vie nomade. Pratiquement, durant la transhumance, le berger n'a pas connu de congé. Pas une heure, ni de jour ni de nuit, où il ait été libéré des soucis du troupeau. Mais à l'approche du printemps, il va retrouver sa famille en Italie. En février déjà, plus ou moins tard selon la rigueur de l'hiver, à l'époque où les brebis commencent d'agneler, le troupeau a été reconduit au village du propriétaire, Orny.

C'est après deux ou trois mois au pays que Luigi regagne la Suisse et retrouve ses bêtes, qui se sont multipliées. Son territoire printanier est une plaine, plate comme la main et militaire, la place d'armes de Bière. Il y déplace chaque jour ses enclos.

L'horaire du berger s'adapte aux ordres de tir. La paix des brebis répond aux grondements des M-109. Les décharges les plus violentes ne semblent pas les déranger. Les obusiers sur chenilles, dont chacun pèse 25 tonnes, tournent avec fracas autour de la roulotte du berger.

Quel avenir ? Aurai-je un jour mon propre troupeau ?

Bière, après la transhumance dans les vallonnements du Haut-Jorat, c'est un peu la plaine américaine et le Far West. Le printemps devient estival, la chaleur monte.

Quelques agneaux naissent encore. En voici un. La mère s'est retirée dans un ravin pour mettre bas.

Grand jour! Voici Maico, venu d'Italie. Son admiration pour son père est inouïe. Il aime le dessiner sous sa tente, en hiver, sous des flocons tout ronds, avec l'âne, les chiens, les moutons. Ce fils unique a 5 ans. Il ne va pas encore à l'école. Il pourra passer toute la belle saison avec son père.

Sous la pluie de mai, en ciré, le père et le fils.

Les blindés, manœuvrant autour des bois de chênes, soulèvent des nuages de poussière. Ils ne sont qu'un décor. Maico mène les bêtes à l'ombre quand c'est l'heure de ruminer.

L'hiver, les brebis n'ont pas besoin de boire. L'humidité des prairies leur suffit. L'été, il faut les abreuver et Maico s'en charge.

Un berger doit être propre. L'heure du bain.

Fin de la toilette, un mauvais moment à passer.

Avec une passion plus démonstrative que celle de son père, Maico cultive l'amitié de ses brebis préférées. Voici une grande favorite.

Sortie du bois.

Turca n'est plus seule, les ânes sont deux, mais ils n'ont pas grand-chose à faire. De temps en temps, comme un cow-boy, Luigi les chevauche et leur donne un peu d'exercice.

Pour les bergers de Parre, la race élue est la bergamasque, la *pecore gigante*. En Suisse, les ovins sont le blanc des Alpes, le brun et noir du Jura, l'Oxford, le nez-noir du Valais. Il a fallu mener bataille pendant dix-sept ans avec les autorités agricoles pour faire reconnaître en outre, en 1990, le croisé charolais, excellent pour la viande. Le temps des livraisons aux grandes entreprises de boucherie, c'est l'automne, après la désalpe. Pour ces marchands, la vente d'agneau étranger est libre à condition d'acheter aussi la production du pays.

Les agneaux prennent force avant la montagne.

Derniers jours à Bière.

Soir de juin.

Dans sa roulotte, Luigi fête ses 30 ans.

Avec la patience d'une épouse de marin, la femme de Luigi, qui vit en Italie, doit accepter ses longues absences. Mais la voici en visite à Bière.

La neige a fondu dans les Alpes. L'année pastorale, au mois de juin, connaît un nouveau coup de théâtre. Total changement d'altitude, de topographie, de région, de langue. Sur sept camions, le troupeau de 800 bêtes a gagné une vallée inhabitée d'Uri, parallèle au col du Saint-Gothard. Derrière l'horizon, le Tessin. Luigi, polyglotte comme les bons bergers bergamasques, pratiquant l'italien, le patois bergamasque, le français, sans omettre le *gai*, jargon des bergers, va recourir à ses connaissances d'allemand et de schwyzertütsch.

La routine des travaux ménagers reprend dans un cadre sauvage qui convient au tempérament nomade de Luigi. L'été représente pour lui la période la plus heureuse.

Avec une même joie, Maico partage la vie de roulotte, avec lessives dans le vent et vaisselle dans le torrent.

Pour la cuisine en plein air, Luigi est un maître. Sa spécialité, c'est le plat traditionnel des bergers bergamasques, la polenta, qu'il faut touiller longuement sur la flamme et qu'on mange à la main, accompagnée de fromage, ou de la *bergna*, viande de mouton salée et séchée.

Maico apprend par son père comment manœuvrer le troupeau. Les «rrrr» aigus le mettent en mouvement, les «la la la» à voix basse le calment. En montagne, le sifflet devient la technique la plus utile. Les brebis paissent haut et loin. Elles gravissent lentement les pentes jusqu'au pied des parois de rocher. Elles se souviennent d'avoir goûté, dans les escarpements dangereux, à une herbe particulièrement savoureuse. Le berger les suit d'en bas et soudain il siffle, non les moutons mais les chiens. Il lance Brutto et les autres dans les éboulis, parfois à plus d'un kilomètre de distance. Epoumonés, les aboyeurs s'arrêtent, observent leur maître et prennent ses ordres. S'ils aperçoivent que Luigi tend sa houlette vers la gauche, ils courent vers le flanc gauche du troupeau et le poussent à droite. S'il pointe vers le haut, c'est que les brebis doivent descendre. Maico doit comprendre ce travail à longue distance et cette logique de l'inversion.

A d'autres moments de la journée, le berger rejoint son troupeau qui, dans cette vallée, a le droit de brouter librement en dehors des pâturages à vaches. C'est un frère de Luigi qui a négocié cette concession avec des paysans d'Andermatt.

Ces hauteurs abondent en marmottes, qu'on entend siffler partout. Elles se montrent familières au point de se mêler aux brebis. Luigi observe ici les chamois, dont il connaît les habitudes.

Six ou sept béliers accompagnent les brebis. Des bêtes portantes s'éloignent dans les rochers pour mettre bas dans la paix. Des agneaux naissent hors saison, en pleine montagne, et, dès leur première heure de vie, cherchent leur chemin dans les éboulis abrupts, les pattes flageolantes. Le bon berger vient à leur aide.

Le premier jour.

Jusqu'aux premières neiges, le troupeau de Luigi continuera à paître dans les Alpes d'Uri.

Biographie
Marcel Imsand

Né en 1929 à Pringy, en Gruyère, dans le canton de Fribourg, Marcel Imsand fait ses études à Broc. En 1950, il découvre la photographie et se passionne aussitôt pour la prise de vues et le travail de laboratoire. Jusqu'à l'âge de 35 ans, il travaillera comme mécanicien dans une usine, tout en pratiquant la photographie au cours de ses moments de liberté, voire la nuit. Il participe à cette époque à des expositions, biennales et concours, locaux et internationaux. En mai 1964, Imsand décide de se consacrer entièrement à la photographie. Il se met à son compte et s'établit à Lausanne, dans l'atelier qui est toujours le sien aujourd'hui.

En dehors de ses travaux personnels, il pratique le reportage social et journalistique. Son premier livre, *1000 Lausanne*, paraît en 1969, l'année de sa première exposition personnelle qui présente une suite de *Personnages* à la Galerie-Club de Lausanne. Désormais, il expose chaque année en Suisse, à Bâle, Zurich, Genève et Lausanne. Dès 1970, il est nommé responsable du secteur photographique de l'*Encyclopédie vaudoise*, travail de terrain qui occupe une partie de son temps. Imsand a publié une cinquantaine de livres, parmi lesquels: *1000 Lausanne, La Fête des Vignerons, Les Câbleries de Cossonay, Frères comme ça*, avec Emile Gardaz, *Saute-Saison*, avec Emile Gardaz, *Passerelle des jours*, avec Emile Gardaz, *Le Moulin à Sable*, avec Emile Gardaz, *Le Carnaval de Bâle, La Région d'Echallens, Le Grand Théâtre de Genève, La Haute Route du Jura, Paul et Clémence, Evelyne, Le Sapin*, avec Rita Marshall, *Les Métiers qui s'en vont, La Fête des Enfants, Saisons du Léman, La Venoge, Vaud Visions de Rêve, Luigi le Berger, Quotidiens au quotidien, Le Pays de Vaud de Jacques Chessex*.

En 1970 et 1971, il reçoit la Bourse fédérale des Arts appliqués; en 1976, il est lauréat du Prix des Murailles; en 1979, du Grand Prix Suisse de la Photographie (2e prix); en 1984, il reçoit du Crédit Suisse le Prix de la Photographie; en 1988, la Fondation vaudoise pour la promotion et la création artistiques lui attribue le Grand Prix de la Photographie.

Homme d'une extrême réceptivité, Marcel Imsand partage son activité photographique entre le reportage et le paysage. Le premier lui permet de traduire l'émotion qu'il éprouve face à la diversité de l'existence et à son surgissement qui toujours l'étonne, le second, de conduire une méditation, plus intérieure, mais tout aussi intense, sur la palpitation du monde de la nature et le secret de la lumière.

Table des matières

Une longue amitié	*Annette et Léonard Gianadda*	7
Avant-propos	*Bertil Galland*	9
Le photographe et le berger	*Jean-Henry Papilloud*	11
Luigi le Berger Photographies de Marcel Imsand		15
Biographie de Marcel Imsand		205

Photographies
  Marcel Imsand

Texte
  Jean-Henry Papilloud

Notices
  Bertil Galland

Editeur:	Fondation Pierre Gianadda, 1920 Martigny, Suisse
	Tél. +41 027 7 22 39 78
	Fax +41 027 7 22 31 63
	http://www.gianadda.ch
	e-mail: info@gianadda.ch

Maquette:
Composition,	Sidonie Occhipinti, IRL
photolitho
et impression:	Imprimeries Réunies Lausanne s.a., 2004

Copyright:
© Marcel Imsand
© France Vauthey Brun
© Bertil Galland
© 2004 ProLitteris, Zurich
© Fondation Pierre Gianadda
  CH-1920 Martigny
ISBN broché 2-88443-090-3